À table !

Texte de Stéphanie Ledu
Illustrations de Thérèse Bonté

Bibliothèque et Archives nationales du Québec

On ne prend pas toujours ses repas de la même façon :
on peut avaler un sandwich en vitesse, s'attabler
pour déguster le menu d'un grand restaurant...

... ou passer un moment entre copains autour d'un **pique-nique**. Bon appétit !

À la maison, à toi de jouer le **chef** cuisinier !
Pour faire un bon plat, on suit une **recette**.
Certaines sont très faciles à réaliser.

Mmm, ça sent bon... Et c'est sympa de **savourer** en famille ce que l'on a préparé.

Mais pourquoi avons-nous besoin de manger ?
Notre corps transforme la nourriture en énergie :
il en faut pour respirer, réfléchir, bouger...

e **petit-déjeuner** est très important : il permet de prendre
es forces après une longue nuit sans s'alimenter !

Petit-déjeuner, déjeuner, goûter, dîner...
Plusieurs fois par jour, notre corps réclame du « carburant »
en nous envoyant un signal : on a **faim**.

À chaque peuple ses habitudes : en Angleterre,
le petit-déjeuner, appelé *breakfast*, est très copieux.

En **Espagne**, on dîne tard...

11

Qui a inventé la **cuisine** ? Les hommes préhistoriques !
Avant de savoir faire du feu, ils mangeaient
leur nourriture **crue**.

Puis, il y a environ 400 000 ans,
ils commencèrent à faire cuire les aliments.
Voici la première casserole : un sac de peau rempli d'eau
dans lequel on jetait des pierres brûlantes.

13

Au fil du temps et des voyages les hommes ont découvert de nouveaux **aliments**.

14

Tomate, haricot, maïs, pomme de terre, chocolat, dinde...
Ceux-là sont originaires d'**Amérique**. Ils sont arrivés chez nous
il y a environ 500 ans : avant, on ne les connaissait pas.

15

Sais-tu pourquoi il faut **manger de tout** ?
Pour bien grandir et être en forme !

La viande, le poisson et
les œufs contiennent des **protéines**,
essentielles pour nos muscles.

Le lait et les produits laitiers sont riches en **calcium**, excellent pour tes os et tes dents.

18

es **vitamines** des fruits et des légumes donnent
onne mine. Ceux-ci sont différents selon les **saisons**.
t si on les choisissait au **marché** ?

Les **céréales** sont des plantes dont on mange les **graines**.
Elles sont très nourrissantes. Notre organisme
en a besoin chaque jour !

e riz est la plus cultivée dans le monde. Avec le blé
n fabrique des pâtes ou du pain, avec le maïs des corn-flakes...
n Afrique, le millet sert à faire de la bouillie.

Observe les **menus** de ta cantine : ils sont établis par un **diététicien**. Son travail est de composer des repas variés et équilibrés, sans trop de sel, de gras ni de sucre.

lundi
SALADE VENDÉENNE
BLANQUETTE À L'ANCIENNE
LÉGUMES
FROMAGE BLANC
FRUIT BIO

jeudi
CAROTTES RÂPÉES
RISOTTO AUX PETITES COURGETTES
FRUIT
MOUSSE AU CHOCOLAT

mardi
SALADE DE CRUDITÉS
BOEUF BOURGUIGNON
POMMES DE TERRE VAPEUR
FROMAGE : EMMENTAL
COMPOTE

vendredi
CRÊPE AU FROMAGE
FILET DE POISSON
GALETTES DE LÉGUMES
YAOURT SUCRÉ
FRUIT

Car, même si tout le monde aime les frites
et les gâteaux, attention : en manger trop
peut faire grossir ou abîmer les dents !

On dit souvent qu'il faut **se tenir bien à table**...
Pourtant, les bonnes manières ne sont pas les mêmes
à travers l'histoire et les pays.

u Moyen Âge, en Europe, les convives du château mangent
ur une grande tranche de pain. Ils se servent avec les doigts,
uis les essuient sur la nappe !

Assis sur ses talons autour d'une table basse :
c'est la façon traditionnelle de se tenir au **Japon**.
Comme partout en Asie, on utilise des **baguettes**.

En **Afrique du Nord**, on s'assied
en tailleur autour d'un plat unique
dans lequel on pioche avec la main droite.

Chaque région du monde a ses spécialités.
On n'apprécie pas partout les mêmes choses...

es enfants d'Asie croquent des **insectes grillés**.
s adorent aussi le **durian**, un gros fruit
u goût de fromage et d'ananas.

Mais, si tu leur disais qu'en France on mange
des **grenouilles**, ils seraient très étonnés !

Dans la collection Mes P'tits DOCS

www.editionsmilan.com
© 2010 Éditions MILAN – 300, rue Léon-Joulin, 31101 Toulouse Cedex 9, France.
Droits de traduction et de reproduction réservés pour tous les pays.
Toute reproduction, même partielle, de cet ouvrage est interdite.
Une copie ou reproduction par quelque procédé que ce soit, photographie, microfilm,
bande magnétique, disque ou autre, constitue une contrefaçon passible des peines
prévues par la loi du 11 mars 1957 sur la protection des droits d'auteur.
Loi 49-956 du 16 juillet 1949 sur les publications destinées à la jeunesse.
ISBN : 978-2-7459-4283-8
Dépôt légal : 1er trimestre 2010
Mise en pages : Graphicat

Imprimé en Italie par Ercom